A / To

_____

De / From

_____

Fecha / Date

_____

La misión de Editorial Vida es ser la compañía líder en satisfacer las necesidades de las personas con recursos cuyo contenido glorifique al Señor Jesucristo y promueva principios bíblicos.

EL AMOR ES, EDICIÓN BILINGÜE
Edición en español publicada por
Editorial Vida - 2022
Nashville, Tennessee
© 2022 Ilustraciones: *Paola Escobar*

Todas las citas bíblicas en español han sido tomadas de La Santa Biblia, Nueva Versión Internacional® NVI® © 1999 por Biblica, Inc.® Usada con permiso. Reservados todos los derechos en todo el mundo.

All Scripture quotations, unless otherwise indicated, are taken from The Holy Bible, *New International Version®, NIV®*. Copyright © 1973, 1978, 1984, 2011 by Biblica, Inc.® Used by permission. All rights reserved worldwide.

Editora en Jefe: *Graciela Lelli*
Adaptación del diseño al español: Mauricio Díaz

ISBN: 978-0-82973-988-6
CATEGORÍA: Juvenil No Ficción / Religión / Inspiración

IMPRESO EN COREA DEL SUR
PRINTED IN SOUTH KOREA

22 23 24 25 / 9 8 7 6 5 4 3 2 1

El Amor es / Love is

ilustrado por / illustrated by

Paola Escobar

Vida

El amor es paciente.

Love is patient.

El amor es bondadoso.

Love is kind.

El amor
no es envidioso.

Love does not want
what belongs to others.

No es jactancioso.

It does not brag.

No es orgullloso.

It is not proud.

No se comporta
con rudeza.

It does not dishonor
other people.

No es egoísta.

It does not look out
for its own interests.

No se enoja
fácilmente.

It does not easily
become angry.

No guarda rencor.

It does not keep track
of other people's wrongs.

El amor no se deleita
en la maldad.

Love is not happy
with evil.

Sino que se regocija
con la verdad.

But it is full of joy when
the truth is spoken.

Todo lo disculpa.

It always protects.

Todo lo cree.

It always trusts.

Todo lo espera.

It never gives up.

El amor jamás se extingue.
Love never fails.